Secretos para minar criptomonedas

Contenido

¿Qué son las criptomonedas?..5
Todo lo que representa el minado de criptomonedas................................6
¿Cómo funciona una cooperativa o pool, dentro de la minería de criptomonedas?...8
Los requisitos fundamentales para minar criptomonedas.........................9
El hardware necesario para minar criptomonedas...................................10
El software a considerar para minar criptomonedas................................11
Cómo se mide la rentabilidad de minar criptomonedas...........................12
Qué significan las comisiones de red o fee de minería............................15
Determina la criptomoneda más rentable para llevar a cabo la minería. 16
Conoce qué es un Mining Rig...19
La elección del monedero para monetizar criptomonedas......................23
¿Es legal la minería de criptomonedas?..24
Qué es la minería en la nube..25
Los mejores servicios y alternativas de minería en la nube....................27
Minería de criptomonedas con tarjetas de vídeo-GPU............................32
Minería de criptomonedas con máquinas ASIC.......................................33
Qué es el algoritmo Proof to Work..34
Qué es el algoritmo Delegated Proof of Stake...35
La posibilidad de minería de criptomonedas centralizadas.....................36
Trucos y pasos para minar Ethereum..37
Conseguir mejores resultados de minería con una GPU NVIDIA...........47
Descubre cómo minar Ethereum al usar Ubuntu Linux...........................50
Métodos para minar Zcash..55
Aprende a minar Litecoin..59
La forma de minar bitcoins que debes saber...62
Los mejores pools de minería de criptomonedas....................................65

Trucos para minar Dash 68

El uso de Raspberry Pi para la minería de criptomonedas 71

Cómo minar steem 74

Descubre cómo minar Ravencoin 79

Todo acerca de minar Siacoin 81

Los últimos hitos superados por la minería de criptomonedas 83

Guía para minar criptomonedas

Uno de los temas más modernos para generar ingresos es la acción de minar criptomonedas, esta es una posibilidad económica que adquiere sentido cada día, de la mano de tecnología, por este motivo es un escenario que cualquiera se puede plantear para atreverse a incursionar en una de las oportunidades más rentables.

Sin embargo, para sacar provecho sobre esta oportunidad que proporcionan las criptomonedas, debes conocer desde lo más básico, hasta los trucos más avanzados que se implementan a diario en línea, esto ayuda a que valga la pena realizar todo el esfuerzo, ya que al tener conocimiento sobre este ámbito, mejores resultados se producen.

¿Qué son las criptomonedas?

Lo primero que debes saber antes de minar criptomonedas, es lo que significan, estas corresponden o se tratan de monedas virtuales, esto quiere decir que a diferencia del dinero tradicional, estas son intangibles, ya que están disponibles únicamente de forma digital, esto se debe gracias a que se realiza transferencias cifradas.

En cuanto al tema de la regulación, se trata de monedas autónomas o independientes, porque ninguna entidad bancaria posee control en medio de las transacciones, y sólo el movimiento de los propios intercambios, son los que modifican el valor o precio, esto disminuye la manipulación externa.

El aspecto de la confianza, depende en mayor medida de la billetera que se utilice, según su nivel de seguridad, se pueden evitar los hackeos, por este motivo cada día surgen más criptomonedas, y en medio de este mercado tan concurrido, es que aumentan las formas de monetizar, tal como resulta la acción de minar.

Todo lo que representa el minado de criptomonedas

Esa forma de ingresos de minar criptomonedas, es una acción como se ha reiterado anteriormente, ya que permite la creación de monedas, a cambio de ganar un porcentaje de las mismas, esto funciona como un sistema de recompensas, cada minero puede recibir este tipo de resultado, y no hace falta comprar o realizar alguna operación.

Cada minería se asemeja entre sí, pero algunos procesos cambian en menor medida, esto se desarrolla por medio de la resolución de algunos cálculos matemáticos, todo en base a una potencia informática, esto quiere decir que se trata de utilizar tu equipo personal, para que sea utilizado por las redes P2P, ayudando a llevar a cabo los cálculos matemáticos.

Esa serie de cálculos, ayuda a procesar cada una de las transacciones, hasta formar una figura de un bloque, y estos bloques luego se deben sellar, por medio de cálculos matemáticos esto se completa con facilidad, además de la asistencia de ordenadores, ese mecanismo se repite y trabaja 24 horas al día, con conexión constante y consumo activo.

Ante la gran demanda de actividad, no se puede minar simplemente con un portátil, sino que se requiere una computadora con mayor potencia, de ese modo el rendimiento será positivo, así que este es un primer requisito e inversión para ser parte de este proceso, al menos disponer de una computadora con valor superior a los 1000 euros.

Lo más recomendable es adquirir equipos especiales, estos se conocen como Circuito de Aplicación Específica, estos han sido diseñados para llevar a cabo la minería, permitiendo obtener poder y un rendimiento para que cada fase sea completa de manera exitosa.

¿Cómo funciona una cooperativa o pool, dentro de la minería de criptomonedas?

El desarrollo de la minería de criptomonedas se lleva a cabo tras distintas formas, una de ellas es la cooperativa o pool, donde las personas se unen para la creación de la criptomoneda, esta distribución de funciones, ayuda a que cada persona pueda desempeñar un trabajo particular, y ejercer un esfuerzo en conjunto.

Estas concentraciones de interesados, es motivada para alcanzar recompensas de manera más efectiva y en conjunto, porque este método garantiza que exista un mayor nivel de potencia, ganando capacidad para resolver un bloque, lo cual causa que los resultados superen tus expectativas.

Es importante destacar que no es un requisito formar este tipo de cooperativas, es decir la minería se puede gestionar por medio de otros caminos o métodos, aunque eso implica hacerse cargo de todos los gastos, lo cual puede afectar la rentabilidad de esta actividad.

Los requisitos fundamentales para minar criptomonedas

Al tener en mente ser parte de la minería de criptomonedas, además de tener dedicación y una decisión firme para comprometerse, también es necesario tomar en cuenta ciertos factores adicionales, los cuales forman parte de la preparación previa para que se materialicen los aspectos positivos, ya que por encima del ordenador, imperan estos requisitos o detalles:

- El tipo de equipo disponible para realizar la minería, y el precio que esto representa.
- El nivel de competencia que exista sobre ese sector de la minería.
- Los costos de operaciones, esto corresponde con el consumo relacionado con la electricidad y la conexión, ya que se requiere un funcionamiento de 24 horas.
- Medidas de refrigeración para cuidar el estado de los equipos, siendo necesario ante la demanda de funciones que se desarrolla cada día.
- Estudio de la rentabilidad que proporciona esa criptomoneda en la actualidad.

- El tipo de criptomoneda elegida, puede cambiar de un momento a otro, como también variar.

El hardware necesario para minar criptomonedas

Los equipos necesarios para llevar a cabo la minería de criptomendas, representan u tema interesante de considerar, esto abarca la compra de hardware genérico, así como también se deben tomar en cuenta los procesadores y las tarjetas gráficas, a medida que transcurre el tiempo, surgen equipos más especializados en minería.

Para decidir entre un elemento u otro, se requiere estudiar el algoritmo de minería con el que se programa la criptomoneda, ya que este es el que impone todas las normas a través de las cuales se realiza la encriptación, para poder desencriptar la información, esto se desarrolla con cada operación o transacción de criptomoneda.

Al considerar este tipo de elección, solo se debe comparar el hardware minero, con el tipo de algoritmo que posee cada uno, por ejemplo, cuando la minería se dedica al bitcoin, se debe comprar equipo ASIC, de ese modo se puede minar el algoritmo SHA-256, en cambio con ether, se requiere una tarjeta gráfica de GPU, y una fuente de poder resaltante.

Esto se aplica con cada moneda, hasta llegar a la decisión correcta, por ello al elegir una moneda, es indispensable estudiar el tipo de algoritmo que posee de por medio, para que los dispositivos tengan mayor funcionalidad.

El software a considerar para minar criptomonedas

Existen toda una variedad de softwares que son indispensables para minar criptomonedas, sobre todo si son de la talla del bitcoin, lo básico es pensar en un software minero, siendo el programa responsable que facilita que el hardware tenga interacción con la red asociada a la criptomoneda, esto causa que se pueda minar.

El tipo de software varía según el hardware que se utilice, sin olvidar la consideración del tipo de criptomoneda que se busca minar, los más recomendados y exitosos son CGMiner, y Claymore, el primero es una solución amplia para el bitcoin y el bitcoin cash, en cambio el segundo se dedica a monedas como ether, zcash, siacoin, entre otros.

Es importante tomar en cuenta que será necesario disponer de un programa de monitoreo, esto facilita que el comportamiento del hardware sea medido, sin olvidar la configuración sobre las preferencias personales para minar, por otro lado se encuentran los dispositivos ASIC, conocido como AntMiner de Bitmain, los cuales poseen su propio software.

En cambio los que estén minando con GPU, será necesario que posean una descarga de programas del tipo MSI Afterburner o GPU-Z para cumplir con los objetivos establecidos, por otro lado el rig minero se puede monitorear, gracias al sitio web del pool que forma parte de la minería o también se puede utilizar TeamViewer.

Cómo se mide la rentabilidad de minar criptomonedas

Es complicado estudiar la rentabilidad de la minería de criptomonedas, ya que depende del momento actual en el mercado, como también del ingreso que se realice sobre la criptomoneda, a esto se suman los gastos mencionados, ya sea la energía, o el tipo de harware de minería que se haya elegido, y depende ampliamente de la moneda.

La inversión es lo que mide la rentabilidad que proporciona, para saberlo se pueden utilizar distintas calculadoras, pero para usarlas se deben tomar en cuenta ciertos datos, estos son lo que ayudan a develar si vale la pena o no realizar esta actividad, por ello necesitas conocerlos para hacer seguimiento de tus pasos o acciones.

Antes de iniciar, es esencial pensar en el tipo de criptomoneda que se desea minar, porque la rentabilidad cambia cada momento para cada una, para tener mayor claridad, necesitas calcular estos aspectos en base a los siguientes datos:

1. **Hash rate:** Corresponde a ser uno de los datos más importantes, por ser la unidad que mide el nivel de procesamiento de la criptomoneda, esto ayuda a que se pueda determinar la cantidad de operaciones que emite el equipo y las que puede realizar, es un factor a investigar y adaptar a tu ordenador.
2. **Nivel de electricidad:** Es el consumo eléctrico que desarrolla el equipo que se utiliza dentro de la minería.
3. **Costo de la electricidad:** En base a la tarifa de tu país, y con el dato anterior, se puede medir el impacto

del consumo, por ende del gasto que representa es más claro.

4. **Gasto del hardware:** Se refiere al nivel de uso, y al mantenimiento del hardware, lo cual se mide al respecto de lo que costó inicialmente.
5. **Medida de la cooperativa:** Al formar parte de alguna cooperativa, dentro de los gastos o ingresos, a nivel personal, debes tomar la medida del porcentaje generado o el que corresponde por cada participante.
6. **Comisión del software:** Es el gasto del software, el cual se distribuye sobre cada miembro de la cooperativa.

Todos estos factores, ayudan a tener una visión clara sobre la rentabilidad, sin pasar por alto el valor de la criptomoneda, pero para cosechar ese tipo de resultado económico, no se puede omitir la dificultad de hallar recompensas sobre la minería, esto funciona de ayuda para tomar la decisión correcta en vista del futuro.

Qué significan las comisiones de red o fee de minería

Cada transacción en el mundo de las criptomonedas, se somete a ciertas comisiones, normalmente se imponen por cambio, por el uso de wallet, y por último por minería, siendo una norma de la propia red en cubrir los gastos de cada proceso de minería, es decir todo lo que se va ejecutando en una blockchain.

Este tipo de tarifas se deben tomar en cuenta al momento de estimar la rentabilidad de estas operaciones, ese tipo de condiciones al final afectan el tipo de ganancia total que se genera por medio de la minería, para determinar los precios actualizados puedes visitar las siguientes plataformas:

1. **Swapzone:** Es una plataforma dedicada a exponer los costes de comisiones de inetrcambio.
2. **Cryptofeesaver:** Se lleva a cabo bajo una comparativa de cada uno de los exchanges y sus comisiones para transacciones.

3. **Blockchair:** Se concibe como un motor de búsqueda dedicado al blockchain de bitcoin, u otras criptomonedas, donde se filtran los costos de transacciones, bloques, fees, y una gran variedad de opciones.
4. **Crypo Fees:** Proporciona las tarifas por transacciones, gracias a su análisis, tomando en cuenta aspectos como blockchain, Litecoin, y otros.

Determina la criptomoneda más rentable para llevar a cabo la minería

Ante un mercado amplio de criptomonedas, es complejo tomar ciertas decisiones iniciales acerca de la minería, ya que estos cuidados facilitan que la elección conduzca hacia un mayor nivel de bonificación, además de detectar el escenario más complicado para minar en ese momento actual, para facilitar esa visión, se pueden utilizar las siguientes webs:

- **CoinWarz**

Esta es una opción en línea muy sencilla, permite visualizar de cerca el mercado de criptomonedas, y lo único que se debe hacer es ajustar el algoritmo, de ese modo los resultados son precisos, tal como se calcula la rentabilidad, de ese modo van a aparecer las mejores monedas, y ante todo las que son más rentables en la actualidad.

Por otro lado, el seguimiento de este sitio web, se encarga de proporcionar el nivel de ingresos, ganancias y otros valores, además al hacer clic sobre alguna moneda, se despliega la información amplia de cada una, observando hasta un gráfico acerca del precio, lo cual se podrá medir con una calculadora que brinda el sistema.

- **CryptoCompare**

Se trata de una de las calculadoras más efectivas, ya que contribuye a realizar un seguimiento de rentabilidad sobre las criptomonedas, ayudando incluso a comparar toda clase de monedas que estén disponibles en el mercado, por otro lado se puede visualizar las distintas monedas junto con su precio, hasta las noticias e informaciones al respecto.

Lo más valioso de esta herramienta, es que los datos se pueden visualizar con facilidad, siendo reconocidas por la personalización clara que se desarrolla, además se encuentran opciones que permiten añadir datos, tales como la energía que consume, el costo o porcentaje, y mucho más, hasta que se genere un resultado sobre esta acción.

- **Whattomine**

Esta es otra herramienta completa que facilita la obtención de información sobre la criptomoneda, porque la accesibilidad permite que no se pierda de vista ningún detalle, además cada moneda se puede filtrar bajo la preferencia personal, sin dejar a un lado la alternativa de calculadora que posee.

Los apartados de cada opción, facilitan medir cada dato necesario, además de los valores para que solo sea necesario incluir información como hash rate, coste, energía u otros, es una combinación de todos los requisitos en un mismo mecanismo digital.

- **CoinCalculators**

Cuenta con las mismas funciones de las opciones anteriores, aunque la diferencia se encuentra sobre su interfaz, por ello cada usuario no tendrá problemas con su manejo, causando que la información de las monedas sea accesible, además ayuda a encontrar los mejores harware para esta actividad, midiendo los resultados de cada uno.

Del mismo modo, posee calculadora, lo cual hace posible que en automático se genere un resultado de todos los datos o gastos, causando que las consultas ayuden la toma de decisiones acerca de la minería de criptomonedas.

Conoce qué es un Mining Rig

En el mundo de la minería, se menciona con frecuencia los mining rigs, estas son plataformas que están diseñadas y concentradas en el proceso de mining, esto posee como objetivo principal, mantener el funcionamiento de las blockchain de distintas criptomonedas, sin correr el riesgo de algún ataque.

Por este motivo, la minería de criptomonedas requiere de una elevada potencia informática, así como también electricidad, eso es lo que permite obtener recompensas, en este punto los mining rigs se encargan de realizar el trabajo de manera más rápida, en comparación de otras computadoras, y esto se traduce en ganar más dinero.

En base al tipo de hardware de minería que se utilice, se pueden utilizar distintos tipos de mining rigs:

1. **CPU**

Los rig de minería por medio de CPU, se trata de equipos simples y económicos, al usarlos, los usuarios que deseen minar criptomonedas, podrá hacerlo directamente del ordenaor, es esencial destacar que la minería con CPU es costosa, además con más lanzamientos de tecnología queda obsoleta.

La ventaja de esta clase de minería es que no impone altos costos de electricidad, pero por el lado contrario, se conoce como uno de los procesos de minería más lentos, ya que conservan una tasa de hash baja, causando que sea poco rentable, no es aconsejable minar con CPU, pero algunas altcoins son más sencillas de trabajar por este medio.

2. **GPU**

La realización de mining rig con GPU, se conoce como los mejores, sobre todo para configurar una plataforma personalizada de minería, es uno de los métodos más favoritos que existe, esta clase de equipos necesita de tarjetas gráficas con gran potencia, para llegar a disponer de un poder de hash, se encuentran GPU dedicadas o simples.

Cuando se buscan buenos resultados, es vital utilizar una cantidad estimada de GPU que esté disponible, pero a pesar de tener un equipo sencillo, se pueden presentar resultados notables, pero la desventaja a considerar, es que estos equipos son costosos, además requieren mantenimiento y una acción de refrigeración, más el gasto eléctrico.

3. **ASIC**

Los Circuitos Integrados para Aplicaciones Específicas, es el concepto detrás de las siglas AIC, y son dispositivos que se encuentran diseñados para la minería de toda clase de criptomonedas, estos son los que se utilizan con mayor frecuencia para obtener un importante margen de beneficios, aunque su rendimiento no ecológico ni barato.

- **El funcionamiento de un mining rig**

Un mining rig, se encarga de utilizar un software minero, siendo útil para conectar el hardware minero hacia un mining pool determinado, ese proceso ayuda a completar las transacciones en la red, el mining rig busca encargarse de la tasa de hash que forma parte de la plataforma en el pool de minería.

Los requisitos para que este proceso se ponga en marcha son los siguientes:

1. Tarjeta madre: Es vital disponer de una tarjeta madre que sea potente para que siga cumpliendo con sus funciones por largo tiempo, siendo una manera para aumentar los costos y al mismo tiempo los beneficios.
2. Fuente de alimentación: Los mining rig dentro de sus funciones, demandan un requerimiento importante de energía, por ello la fuente de alimentación debe ser o conservar una potencia de 750 vatios y 2000 vatios, según las necesidades de la minería.
3. Tarjetas gráficas: Es esencial disponer de 4 y hasta 6 GPU que sea de elevada calidad, además que cada una cuente con velocidades de 450 kWh o una medida superior.
4. RAM: Se requieren como medida mínima 4 GB de RAM, aunque en base al software utilizado, puede hacer falta disponer de mayor memoria.
5. Disco duro: Es vital contar con una capacidad de 60 GB y 120 GB.
6. Ventilador: Es esencial para aportar refrigeración a los equipos.

Por este motivo, un mining rig, se considera como una inversión ideal para obtener ingresos adicionales al estar extrayendo criptomonedas, es parte de esa conversión en un crack de minería, estas ideas al ponerlas en marcha generan buenos dividendos, contando con una plataforma de minería que esté apta.

La elección del monedero para monetizar criptomonedas

Un elemento indispensables para minar criptomonedas, es la elección del monedero, por ser dónde se van a recibir los pagos por minar, estos pueden ser de carácter físicos como hardware tales como Trezor, OpenDime, KeepKey, y otros, o se puede utilizar en forma de software o aplicación, tal como resulta Coinomi, Wasabi, Jaxx, entre otros.

Otros equipos electrónicos proporcionan la alternativa de las carteras frías, siendo equipos que poseen un nivel positivo de confianza, permitiendo que los software se puedan descargar para un uso mucho más personal sobre el dispositivo móvil, ya sea por medio de App Store o Google Play, encontrando versiones para cada dispositivo.

Aunque esta última opción no es la más aconsejable por expertos, ya que este método se encuentra expuesto a los hackeos, aunque existen monederos que son ofrecidos por distintas casas de cambio, lo importante es pensar en una alternativa que posea llaves para cuidar los fondos.

¿Es legal la minería de criptomonedas?

En cada país, esta pregunta se suele responder de forma distinta, porque las leyes cambian para los entornos involucrados, por ello no se puede formar un criterio generalizado, lo que se puede tomar en cuenta es que las criptomonedas poseen un funcionamiento descentralizado, es decir en paralelo al modelo tradicional.

Pero esto no quiere decir que se trata de un tipo de moneda intocable, ya que en diversos países se han implementado normativas para otorgar limitaciones sobre la minería, además de las transacciones de monedas digitales, por ejemplo en Latinoamérica no se aceptan esta clase de operaciones en países como Bolivia.

Normalmente las limitaciones sobre este tipo de moneda, se imponen como una protección ate estafas o ciberataques, lo cual en ciertas zonas se puede puntualizar como un problema serio al momento de usar las criptomonedas, causando que se tenga que pensar dos veces en minar.

A lo largo del tiempo, las criptomonedas se asocian con los ciberataques, pero lo que se debe valorar es el aspecto positivo de permitir realizar transacciones financieras, lo cual se transforma en un beneficio, siendo un resultado que la era digital proporciona, pero en el futuro más cercano, se busca disminuir el riesgo de estafa.

Aunque dentro de este ámbito, lo que es difícil de medir en materia legal, es la manifestación de estafas, porque no hay respuesta legal, ante un mecanismo paralelo al sistema tradicional, es decir sería un nivel de investigación y conocimiento profundo que en muchas zonas del mundo no se poseen, por ello es bajo decisiones autónomas.

Qué es la minería en la nube

La minería en la nube se basa en un servicio donde se produce una renta por el minado, de ese modo se pueden recibir recompensas tras las acciones generadas, se basa en minar por medio de un tercero, donde actúa como intermediario la plataforma, ya que proporciona una porción de lo que se ha minado.

Esto puede acarrear ciertas interrogantes acerca del lado rentable de esta medida, pero influyen los mismos factores o detalles que una acción de minado convencional, por este motivo ambos caminos poseen riesgos particularmente estrechos, aunque aumenta el porcentaje de enfrentarse ante alguna estafa.

Aunque el aspecto positivo acerca de esa práctica, es que no se requiere una inversión profunda sobre los equipos mineros, disminuyendo que la electricidad, el sistema de refrigeración u otros aspectos posean incidencia, mucho menos es necesario incluir un mantenimiento, lo único negativo es el tema de ser estafado.

El tema de la estafa y la minería en la nube, se debe a que las plataformas se ofrecen, son originarias de granjas propias de la empresa, por ello es difícil medir el nivel o la capacidad de minado que poseen, y cada participación va de la mano con contratos que poseen cláusulas de cancelación cuando las empresas no reciben resultados positivos.

Los mejores servicios y alternativas de minería en la nube

Antes de pensar en un servicio o medio acerca de la minería en la nube, es vital reiterar que se deben elegir empresas que estén acreditadas, de ese modo se puede pensar con mayor libertad en trabajar con empresas que estén certificadas, al estar interesado sobre algún servicio, lo primero por hacer es indagar cada aspecto de la misma.

Por medio de una investigación previa se pueden tomar decisiones apropiadas, evitando cualquier especie de estafa dentro de este ámbito, porque en el mundo de criptomonedas esto se presenta con frecuencia, por ello dentro de la lista de mayor reputación y resultados, se encuentran los siguientes servicios:

1. **StormGain**

El desarrollo de la minería en la nube, se desarrolla por medio de StormGain, ya que se pueden ejercer una gran cantidad de operaciones de hardware, sobre todo relacionada con la minería de Bitcoin, posee una velocidad de minado basado en los servidores de la nube StormGain, esta solo se limita por la cantidad de usuarios que forman parte del proceso.

Al menos unos 30 o 40 minutos, según el tiempo de producción de los bloques, se distribuye el beneficio de la minería, esto se lleva a cabo de forma equitativa hacia todos los usuarios que estén participando o formando parte del proceso de minado, luego al alcanzar 10 USDT se puede realizar el retiro y en 72 horas se hace válido.

Las ventajas principales de este servicio, se enfocan en el servicio eficiente que proporcionan, además el tipo de equipos que emplea son totalmente confiables, e incluso dispone de un motor que evita los fraudes, pero de igual forma poseen un soporte disponible para cubrir los requerimientos de cada usuario.

Por otro lado, se debe tomar en cuenta que se trata de un servicio donde solo se permite minar Bitcoin, además en temas de cálculo, es complejo descifrar una medida para llevar a cabo el retiro, estos son los aspectos con los cuales se debe tener cuidado antes de elegir este tipo de servicio.

2. **ScryptCube Cloud Mining**

Se concibe como una empresa ubicada en Reino Unido, posee una gran reputación como los mejores servicios de minería en la nube, gracias a que cuenta acceso sencillo y es fácil de manejar, por esta razón dispone de centros de datos clasificados como de última generación, para que una gran cantidad de mineros puedan utilizar estas funciones.

La elevada eficiencia a cambio de un precio considerable, es una medida que se considera en medio de este servicio, para ello se ofrecen dos planes que permiten operar, uno de ellos posee un costo de 1,90 dólares por 100 GH/s, en cambio el plan por dos años, dispone de un precio de 3.50 dólares, ese proceso no representa problema alguno.

Los puntos fuertes que posee este servicio, es que se mantiene operando bajo una modalidad 24/7, por medio de un plan rentable, cada plan se puede personalizar hacia los objetivos de cada minero, por ello una amplia gama de usuarios pueden utilizar a plenitud cada opción, donde cada moneda extraída está disponible en la cuenta diariamente.

Un detalle a considerar, es que no admite otro tipo de minería que no sea sobre Bitcoin, siendo un aspecto limitante para quien busca minar otra clase de criptomonedas, sin embargo sus ventajas compensan un poco esa especialización única sobre Bitcoin.

3. **Genesis**

Cuando se trata de un servicio de minería extremadamente confiable, sin duda alguna esta empresa es una de ellas, su legitimidad ayuda a que más usuarios sean parte de esta alternativa, esta clase de servicio existen, desde que el entorno de las criptomonedas era desconocido, por ello es tan confiable en base a su trayectoria.

La antigüedad de esta clase de esta clase de plataformas, es resaltante, ya que sigue imperando sobre los negocios realizados con la minería de Bitcoin, y dispone de distintos activos a dominar o seguir de cerca, tal como es el caso de Ethereum, Zcash, Monero, Dash, e incluso permite negociar con Litecoin.

En líneas generales, esta empresa posee un servicio muy limpio, el minado de criptomonedas es una realidad bajo estos servicios consolidados, donde cada equipo empleado posee una cuota de confianza resaltante, sin olvidar que ante cualquier requerimiento surge una atención al cliente óptima.

Lo único que se puede clasificar como negativo es que no posee plataformas de intercambio, lo cual dificulta que exista la venta de hashrates, pero es preciso indagar sobre cada ofrecimiento para decantarse por un plan y una modalidad efectiva.

4. Nicehash

Se basa en un servicio que permite decidir acerca de la cantidad de hash que se desea comprar, del mismo modo se puede personalizar el tipo de términos a aplicar, por otro lado se encuentra la cantidad que se incluye, así como el lapso de tiempo que se requiere para que el poder de hash esté en un nivel óptimo, y la cantidad que estés dispuesto a pagar.

Además la economía que forma parte de este mercado, posee un funcionamiento especial y apegado a Bitcoin, este se utiliza para comprar poder de hash, para que cada vendedor pueda recibir Bitcoin gracias a que colaboran con esa proporción, esto significa que cada pago se produce en Bitcoin, más allá de la criptomoneda con la que se esté trabajando.

Las principales cualidades de esta empresa, es que cuenta con un uso sencillo, además de disponer como método de pago al Bitcoin, a nivel de software se considera como uno de los mejores para la minería, sin dejar a un lado que llega a pagar por encima de la tasa de minería, siendo una gran ambición para cualquiera.

Aunque los detalles que si se deben cuidan, es que posee tarifas elevadas en comparación de otros pools de minería, por otro lado la tasa de pago cuenta con un comportamiento un poco lento, y en caso de querer minar criptomonedas pequeñas, esta no es la mejor opción, ya que no reciben un trato amigable.

Estos son los servicios que poseen mayor tendencia en la actualidad, cada alternativa cuenta con sus puntos altos y bajos, lo esencial es que cubren las medidas de confiabilidad, esto no es un detalle menor, ya que en línea se producen muchas estafas, pero con estos cinco servicios todo cambia a favor.

Minería de criptomonedas con tarjetas de vídeo-GPU

Uno de los tipos de minería de criptomonedas más primarios, es el uso de las tarjetas de vídeo-GPU, siendo un método dirigido en su momento para tratar a las bitcoins, esta alternativa ayuda a sacar provecho del poder computacional que poseen las tarjetas gráficas de vídeo, ayudando a resolver los problemas de cómputo de la red.

Este método es efectivo porque no existe un gran poder de cómputo, por ende las redes Blockchain que poseen minería por medio de GPU, bajo la exigencia del poder computacional con un nivel menor, para tener la facultad de minar.

Minería de criptomonedas con máquinas ASIC

Tal como se ha mencionado, la confianza sobre ASIC, se basan en las funciones del circuito, integrado de aplicación específica, y posee un diseño exclusivo para criptomonedas, dentro de este escenario se encuentra un mayor poder de cómputo, en comparación de las tarjetas de vídeos, lo que ha aumentado su frecuencia de uso.

Pero al mismo tiempo, esa concurrencia aumenta la dificultad para minar las redes Blockchain donde se permite el uso de esta clase de equipos, la tecnología SIC se emplea para ser usados sobre la monetización de bitcoin.

Qué es el algoritmo Proof to Work

Se trata de uno de los primeros algoritmos que se establecieron sobre las negociaciones con criptomonedas, sobre todo con los inicios de la minería de Bitcoin, este diseño causa que los mineros tengan que aportar un mayor nivel de potencia computacional, de ese modo se pueden resolver complejos algoritmos.

Esta superación permite que se puedan añadir los bloques de transacciones dentro de los bloques de la red, para anotar ese nivel de intercambio, se debe participar dentro del consenso Proof To Work, para encontrar el hash válido que esté sobre el bloque, para incorporarlo a la red, de ese modo se puede agregar un nuevo bloques de operaciones.

A medida que se obtenga mayor potencia computacional sobre el rol del minero, mayor oportunidad existe de encontrar el hash indicado, al determinar esta información se visualiza de cerca como interviene el proceso de minado sobre el bitcoin, por ello para minar este tipo de criptomoneda es una obligación conocer el algoritmo.

El grado de dificultad que se mide, es lo complejo o fácil que sea hallar el hash válido para que se pueda incorporar el bloque de transacciones sobre la red, esto varía según la fuerza de cómputo que pueda estar conectada a la red, en el caso puntual de bitcoin su red cambia en cuanto a su complejidad cada 2016 bloques.

Por este motivo, es necesario evaluar todo el tiempo que conlleva añadir los 2016 sobre la red Blockchain, esto se ha descubierto a través de un promedio de cada 14 días, esto quiere decir que los bloques se añaden al menos cada 10 minutos, si esto cambia, y se acelera el ciclo, requiere de mayor demanda por el poder del cómputo de los mineros.

Qué es el algoritmo Delegated Proof of Stake

El algoritmo anteriormente mencionado, le otorgó utilidad a este funcionamiento, pero lo que su propio nombre o denominación indica es que se trata de validadores, permitiendo que puedan participar como una modalidad de minero dentro de la red, y posee una acción similar a la anterior, siguiendo una línea democrática.

La dinámica de esta red, se desarrolla bajo las votaciones de los usuarios para elegir quienes serán el tipo de usuarios que trabajarán para permitir que la red se sostenga, además de contar con aprobación de las transacciones.

La posibilidad de minería de criptomonedas centralizadas

En medio de la minería de criptomonedas, se suelen encontrar diversas opciones, pero antes de tomar una decisión se requiere conocer lo que implica una moneda descentralizada, estas son parte de un proyecto donde estas monedas funcionan a través de un modelo centralizado, donde se concurre una red privada.

Al tratarse de una red privada, se encuentra gestionada por una sola persona, un grupo determinado o una empresa, el mejor ejemplo para este tipo de proyectos centralizados es Ripple, ya que se encuentra manejada por una empresa, y en el caso de Petro, posee una gestión en manos del Estado, por ello se clasifican como centralizadas.

Ese tipo de control, causa que sea imposible dedicarse a minar el Petro o Ripple, todo gracias a que no se encuentran disponibles para el público, sino que se requiere autorización para operar dentro de esa red.

Trucos y pasos para minar Ethereum

Desde el lanzamiento de Ethereum que se generó en el año 2015, permitiendo realizar operaciones de forma descentralizada, su funcionamiento se desarrolla a través de código abierto, y sigue siendo parte de la tecnología blockchain, además se utiliza con frecuencia para operar con la criptomoneda el ether.

El Ethereum más allá de ser una plataforma, se compone por ser un lenguaje de programación, este se desarrolla por medio del blockchain, siendo una ayuda para los desarrolladores a poner en práctica como Smart Contracts y aplicaciones distribuidas (Dapp), para dejar a un lado los fraudes, sin que afecte la inactividad y el control externo.

Ether como criptomoneda, forma parte del uso de la plataforma Ethereum, siendo un token que se emplea para pagar las comisiones establecidas por cada operación o transacción, además de los costes de cálculo, esto es básico de conocer para llevar a cabo la minería de Ethereum, siendo una de las opciones más populares.

Llevar a cabo la minería de Ethereum se desarrolla de forma similar al de bitcoin, ya que se deben realizar soluciones de ciertas ecuaciones matemáticas a través de un hardware apropiado, en su dinámica se incluyen mineros de cualquier parte del mundo, y se emplean como un respuesta para descifrar los enigmas criptográficos complejos.

El éxito que se busca sobre esta clase de minería, es integrar bloques a la cadena de bloques que forma parte del Ethereum, hasta que se genere la recompensa esperada, esto se traduce a que el primer minero que pueda develar un ecuación, obtiene como recompensa 2 ETH por bloque, donde se incluyen las comisiones de transacción.

Si bien es cierto que solo se pueden crear 18 millones de nuevos ETH durante un año, por otro lado, la ventaja ruge al no haber límites sobre el número total de tokens que se pueden generar, en cambio el bitcoin solo dispone de un número finito de tokens, las maneras de minar ETH, son las siguientes:

1. Instaurar un pool de mining personal.
2. A través de mining, lo que se refiere a minar de manera individual.
3. Ser parte de una mining pool de ETH.
4. Cloud mining, aunque esta alternativa posee un nivel alto de competencia, y la inversión es muy demandante.

Dentro de las formas de minar Ethereum es indispensable explorar las siguientes opciones:

- **Minar Ethereum por medio de un hardware específico**

El hardware dedicado a la minería de Ethereum, se conoce como Mining Rig también, siendo un equipo especial que se utiliza para esta tarea, se componen por una fuente de alimentación, junto con la tarjeta madre, tarjeta gráfica, además de un dispositivo de refrigeración, siendo compatible con la plataforma minera, dividida en CPU y GPU.

En el caso de los mining rig de CPU se encargan de utilizar un procesador de CPU que se puede integrar sobre algoritmos de complejidad, eso ayuda a resolver los bloques que forman parte de la blockchain, estos son populares y más prácticos sobre los mineros, debido a que se trata de una solución económica y sencilla de utilizar.

El principal requisito de este proceso es un ordenador, pero es vital destacar que se trata de un camino lento, sin embargo también se puede agotar usar el hardware GPU, conocido como unidad de procesamiento gráfico, siendo lo que añade a los mineros mayor potencia del hashing.

Los mining ring de GPU requieren tarjetas gráficas, pero no ejecutan los algoritmos de igual forma que la CPU, aunque logran cumplir con los procesos de minería sobre las redes cerradas, sin embargo los mining rig de GPU son mucho más efectivos que los de CPU sobre los demás aspectos, por tal motivo son más costosos.

- **Los hardwares para minar ether**

Antes de conocer los mejores hardwares, es esencial que se tomen en cuenta los gastos que cada uno representan, pero sin duda alguna son opciones a considerar para tener buenos resultados:

1. **Radeon RX 5700 XT**

Cuentan con un funcionamiento de triple disipación, siendo una de las mejores tarjetas que los mineros ETH utilizan en la actualidad, es capaz de minar a un ritmo de 60 Mega Hash, requiere de 68w por tarjeta, siendo una medida a considerar para determinar un gasto por día.

2. **Nvidia GeForce GTX 1070**

Se trata de una de las tarjetas gráficas que se utilizan con frecuencia sobre los juegos, por este motivo, su rendimiento dentro de la minería, causa que sea elegido como un implemento recomendable, ya que ayuda a mantener la tasa de hashing sobre un nivel alto, sin necesidad de emitir un alto consumo de electricidad.

3. **Nvidia GeForce GTX 1660 Ti**

Es conocida como una opción ideal y secundaria a la RX 5700, ya que cuenta con una fuerza o potencia para minar al menos 30,5 Mega Hash por tarjeta, además demanda unos 68w, siendo igual a los requisitos de la 5700.

En algunos casos, lo mineros poseen una inclinación directa por usar una Radeon, ya que se trata de una tarjeta de esta marca, y posee la misma potencia que Nvidia, y representa un costo reducido a la mitad.

- **Minar Ethereum con una PC**

Para minar desde cualquier lugar que te genere comodidad, sin duda alguna el método de utilizar la PC es una gran respuesta, y para ello debes tomar en cuenta los siguientes pasos destinados para Windows:

1. Al querer minar Ethereum a través de Windows, debes contar por lo mínimo con Windows 7 de 64 bits, aunque una versión posterior también funciona.

2. En el caso del mining, se requiere una PC que presente 4GB de memoria GPU, y por el lado de la memoria RAM, debe disponer de 4 GB de igual forma, sin olvidar la conexión estable a internet, además debe ser potente.
3. Instalación de la versión vigente de los controladores GPU.
4. Descarga el software de mining, para ello existen muchos programas dedicados a la mining de Ethereum.
5. Proporciona la configuración de Windows, buscando fijar la memoria virtual para que posea al menos 16,384 MB, luego es vital dirigirse hacia la configuración de alimentación de Windows para desactivar el modo de suspensión, posteriormente se debe ingresar a Windows Update para apagarlo. En caso de estar usando Windows Defender o cualquier otro antivirus, se debe hacer una excepción, para que no exista interferencia con el programa de mining.
6. Selecciona un mining pool según tus preferencias.
7. Modifica el archivo .bat del programa mining según las instrucciones del pool de minería que se haya elegido.
8. Cuenta con la preparación del wallet para que se puedan almacenar los Ethers obtenidos, es indispensable elegir alguno que sea compatible con la plataforma de Ethereum.

En el caso de minar Ethereum en Mac, es una consideración previa, para reconocer su nivel de rentabilidad, pero en realidad esto se responde con la carencia de disponibilidad de versión para Mac, por ello para utilizar esta clase de sistema operativo, se puede utilizar Graphical User Interface (GUI) como una modalidad de Minergate, los pasos son estos:

1. Descarga el software desde su sitio web.
2. Registra y obtén una cuenta.
3. Inicia sesión y empieza a utilizar el software con tu cuenta.
4. Empieza a minar Ethereum.
5. Pero la GPU no se encuentra disponible para Mac, incluso si utilizas Minergate.

- **El software para minar Ethereum**

Una importante lista de software acerca de minar Ethereum ayuda a resolver cualquier duda, causando que las recompenss se generen:

1. **Claymore**

Es una elección basada en la compatibilidad que posee con sistemas como Windows y Linux, además es clasificado como uno de los mejores para llevar a cabo la minería en

Windows 10, bajo estos requisitos posee un rendimiento eficiente, esto se debe gracias a que posee doble miner de Ethereum, el cual ayuda a extraer criptomonedas con algoritmos.

El plan para descifrar el algoritmo de criptomonedas, no compromete la tasa de hash, y otra de sus cualidades, es que permite realizar la minería de otras criptos más allá de Ethereum, todo a través de un 1% de comisión, en caso de seleccionar un dual mining, cuenta con una comisión del 2%.

2. **Ethminer**

Representa uno de los softwares más conocidos, sobre todo porque facilita minar criptomonedas que están asociadas al algoritmo Ethash, esto incluye a Ethereum, Ethereum Classic, Musicoin, entre otros, además puede funcionar sobre Linux y Windows sin problemas, pero la potencia de su diseño es con tarjetas gráficas Nvidia.

En la actualidad, representa uno de los softwares más brillantes de mining de Ethereum, siendo ideales para Windows 7 y Nvidia.

3. **MinerGate**

MinerGate se conoce como un sofwre ideal para los usuarios de Mac que desean minar Ethereum, causando que sea una realidad extraer BTC, Zcash, Monero, DASH, y otros tokens similares, el tipo de comisión que surge es de un 1%, y hasta un 1,5% según el tipo de moneda, su manejo es muy simple de manejar, útil para principiantes.

4. **CGMiner**

Representa uno de los software básicos de mining de Etthereum, además de todo es gratuito, se encuentra escrito en C++, esto ayuda a que sea compatible con la mayoría de plataformas, su funcionamiento posee una simple interfaz de mando, por ello puede funcionar a través de múltiples pools, así como también dispositivos de minería.

La interfaz que posee el software, ayuda a que la configuración de los comandos sea simple, además cuenta con herramientas como la calculadora de mining de Ethereum, porque permite controlar y llegar a detectar la tasa de hash, su diseño original es para pool de mining Ethereum, de igual manera se puede utilizar la GPU.

- **La rentabilidad de la minería Ethereum a través de una laptop**

La extracción de ETH, cada vez reta y pone a prueba diferentes medios para realizar este proceso, a lo que se suma la escasez de las GPUs, causando que NVIDIA se convierta en una prioridad para cualquier minero, esta postura cobró mayor importancia cuando surgió un anuncio de NVIDIA y AMD acerca de su escasez.

Esta situación afecta de manera directa a las actividades de una gran cantidad de usuarios en línea, sobre todo a los mineros de criptomonedas, esto ha causado que la principal solución y dedicación se imparta sobre las laptops que poseen tarjetas gráficas GeForce RTX, siendo parte de la serie 30 de NVIDIA, la cual es usada para minar Ethereum.

Pero, una computadora portátil es capaz de minar ETH y al mismo tiempo ser rentable, cuando se investiga más a fondo este tema, siendo un ámbito que cobra sentido en China, porque se han emitido vídeos acerca de lo sencillo y rentable que resulta minar Ethereum por medio de esta vía, causando que una PC portátil gane protagonismo.

Lo esencial, es que ese tipo de computadoras puedan disponer de la inclusión de una tarjeta gráfica RTX 3060, haciendo posible que en poco tiempo puedas llevar a cabo la minería, pero no genera buenos dividendos económicos, aunque con la portátil de NVIDIA, existe una posibilidad de minar una cantidad mayor a 2 ETH al año.

El detalle que todavía no se estudia a profundidad, es el consumo de energía, por ello puede ser un gasto significativo, incluso superando la cantidad de monedas extraídas, para que la minería GPU sea rentable se requiere minar por al menos 24 horas al día, durante los 7 días de la semana, lo cual puede causar que se dañe el equipo.

Lo negativo, es que esta clase de dispositivos no están diseñados para soportar esa carga de trabajo, mucho menos si es permanente, por ello se debe pensar en la exposición que va a recibir esa laptop, ya que quizás no resista, e inclusive supere el costo de la computadora, a la cantidad generada tras la minería.

Conseguir mejores resultados de minería con una GPU NVIDIA

El falso mito de necesitar PC de última generación para minar criptomonedas debe quedar a un lado, porque lo más importante se basa sobre la tarjeta gráfica, pero lo que en realidad merece atención es el tema de la refrigeración, porque eso ayuda a que la GPU pueda seguir funcionando a través de una velocidad resaltante.

Las bajadas a causa de la temperatura se pueden controlar al tomar los cuidados necesarios, del resto se puede elegir un procesador de gama baja, porque los demás elementos se encargan de mantener un rendimiento óptimo, tal como resulta la integración de la fuente de alimentación, donde no se debe escatimar algún nivel de inversión.

Lo recomendable es utilizar una fuente de alimentación que posea certificación 80 Plus Platinum, porque de lo contrario esa menor eficiencia solo causa un mayor nivel de calor, y aumenta el consumo energético, por esta razón para el minado de Ethereum, es una gran opción el GPUs NVIDIA, donde se deben considerar los siguientes elementos:

- **Ancho de banda con la VRAM:** El minado de Ethereum se puede llevar a cabo de manera óptima, cuando el ancho de banda de la tarjeta gráfica es mayor, por ello en el mercado es altamente demandado la compra de GeForce RTX 3000, ya que proporcionan un ancho de banda a considerar.

- **Consumo energético que impone la tarjeta:** No cabe duda que el aspecto energético es un elemento de gran relevancia, porque las diferentes velocidades se alcanzan bajo las funciones overclock de la GPU, donde menores voltajes pueden impactar a los valores de la gráfica.

Por ello, el mejor resultado es lograr una combinación de velocidad de la VRAM, junto con la velocidad del reloj, para que se obtenga un rendimiento mayor, hasta que los voltajes sean bajos, porque lo ideal es que el ratio minado/consumo sea equilibrado, buscando que esté bajo un nivel alto, esto ayuda a que la rentabilidad sea una garantía.

Para lograr ese tipo de objetivos, lo mejor es usar MSI Afterburner, ya que es una herramienta que facilita el control del software para ajustar el valor de voltaje y valor del reloj de GPU, lo cual incluye a la memoria, para obtener ese tipo de resultado, se puede elegir entre las series de tarjetas gráficas GeForce de NVIDIA.

Descubre cómo minar Ethereum al usar Ubuntu Linux

Al momento de minar existen distintos métodos que se pueden emplear, sobre todo aprovechando el poder de la tarjeta gráfica conocida como NVIDIA GeForce GTX 1070, siendo una de las mejores alternativas para minar, ya que cuenta con un poder destacado de procesamiento, e imparte eficiencia a nivel de energía.

En comparación de otras tarjetas, esta representa una solución resaltante, se trata de la GPU de mayor gama que genera un menor impacto sobre la inversión de electricidad, al tener como respuesta este tipo de hardware, lo siguiente es pensar en el software, donde sobresale realizar la minería en Linux, por ser un método mucho mejor.

Esta preferencia sobre Linux, se debe a que se compone por ser un sistema operativo libre, por ello la inversión se disminuye de manera significativa, sin dejar a un lado que el minado se puede practicar con mayor eficiencia, causando que la tasa de hash pueda ser mayor, hasta tres veces más, en comparación con Windows y usando el mismo hardware.

El uso de Linux para servidores o proyectos web es una realidad, ya que proporciona resultados positivos, su evolución sobre esta clase de objetivo es positiva, además su instalación y funcionamiento son pasos sencillos, por ello los métodos a llevar a cabo es la instalación de Ubuntu, al contar con un equipo que cuente Linux por supuesto.

Lo más amigable en cuanto a inversión y funcionamiento es operar usando Ubuntu, para ello debes contar con los siguientes requisitos:

1. Memoria USB de por lo menos 2 GB.
2. Realiza la descarga de Etcher, este programa posee compatibilidad con Windows, Linux o Mac.
3. Cuenta con el instalador Ubuntu 16.04.

Lo primero por hacer con estos elementos, es formatear la memoria USB, luego debes abrir el programa de Etcher, para seguir uno a uno los pasos de instalación, posteriormente el programa requiere añadir dónde se encuentra el .iso que pertenece al instalador de Ubuntu, esto se cumple de manera sencilla.

Una vez que se responda en qué disco se instala el sistema operativo, lo demás avanza de forma automática, esto además se puede realizar al particionar el disco para tener Windows y al mismo tiempo Ubuntu, o por otro lado se puede invertir en un disco de 120 GB para dejar a Ubuntu, ese tipo de capacidad no es tan costosa como se piensa.

Al cumplir con este tipo de instalador, es momento de pasar a desconectar la memoria USB, esto requiere reiniciar la máquina, para ingresar a Ubuntu, lo próximo es instalar el software que permite minar Ethereum, para ello se deben disponer los siguientes requisitos:

1. Instalar Geth y ethminer.
2. Añade los drivers que pertenecen a las tarjetas gráficas.
3. Registra y obtén un wallet personal para recibir los Ethereum que hayas minado.

Lo próximo se desarrolla al ejecutar pasos desde la ventana de terminal, el launcher de Ubuntu se encuentra en la esquina superior izquierda, esto forma parte de la interfaz, se lleva a cabo al presionar la tecla de Windows, para proceder a escribir "terminal2, de ese modo aparece el ícono previo para iniciar la aplicación.

Al superar esta fase, es momento de instalar el repositorio APT que forma parte de Ethereum, a través de los comandos: sudo apt-get install software-properties-common, sudo add-apt-repository ppa: ethereum/ethereum, sudo apt-get update, al introducir estos comandos, se puede instalar geth y ethminer.

Para que se lleve a cabo la instalación, se deben instalar los comandos de sudo apt-get install ethereum ethminer geth, al concluir esto, es momento de instalar los drivers de la tarjeta gráfica, en este paso debe prevalecer el soporte CUDA para llevar a cabo el minado de Ethereum, siendo algo clave.

Es esencial cumplir con el paso anterior, ya que los controladores open source de Linux, se clasifican como suficientes, por ello se deben buscar los drivers específicos para esa GPU que se haya elegido, al momento de instalar esos drivers, no se puede ejecutar al mismo tiempo la interfaz gráfica de Ubuntu, por ello se debe salir.

Para salir de dicha interfaz, se debe presionar el comando pura y dura, es decir Crtl + Alt + F1, luego esto demanda ingresar la contraseña junto con el usuario, esto causa que se pueda detener el X server tras el comando sudo service lightdm stop, de ese modo se ejecuta el controlador de la tarjeta gráfica, para ello debes seleccionar la carpeta dónde está.

Culminar esta instalación demanda reiniciar el equipo, por medio del comando sudo shutdown –r now, luego al iniciar se ingresa una vez más a la ventana de terminal, en este punto se práctica una prueba para determinar si ethminer es capaz de detectar las tarjetas gráficas, al aplicar el comando ethminer –list-devices.

El resultado debe ser compatible con el número de tarjetas gráficas que posea tu máquina, esto al final incluye el nombre y la memoria total, cuando el resultado no es exacto, significa que el paso anterior no se realizó de manera correcta, o por otro lado la GPU puede no estar conectada de forma correcta.

En caso de ser correcto, o resuelto, lo siguiente es realizar un benchmark de ethminer, tras el comando: ethminer –M –G, en el caso de –M es una indicación o aviso de realizar el benchmark, en cambio la –G es para hacerlo con las GPUs que se encuentran instaladas, al primer momento de realizar este paso, se debe crear un DAG.

Este procedimiento se demora entre 8 y 15 minutos, al terminar se presenta la revelación de la tasa de hash mínima, el promedio y también la máxima, cada tarjeta gráfica posee su propia tasa, sin y con el overclock para fijar ambas velocidades, por último el paso a seguir es crear la wallet para recibir los Ethereum.

El paso es instalar geth, ya que esto permite crear el wallet, además de asignar una contraseña de uso único, donde encaja la función de geth account new, es indispensable tener mucho cuidado con la contraseña elegida, ya que forma parte del control y la administración de Ethereum.

El resultado final del comando, representa o conforma una secuencia extensa de números y letras, lo que se encuentra dentro de los corchetes representa la dirección de wallet, una vez que se haya minado, lo que se genere se almacena en esa dirección, además de poder recibir ante algún usuario que desee enviarte Ethereum.

Métodos para minar Zcash

El objetivo del Zcash como una forma de minería, surge desde el año 2013, por medio del desarrollo de Zooko Wilcox, siendo una medida alternativa para corregir el tema de la privacidad del Bitcoin, por ello se generó una combinación entre Bitcoin y Zcash denominada como Zerocash Protocol.

De ese modo se presenta como una criptomoneda que cuida la privacidad, todo bajo el mecanismo de identidad denominado como zk-SNARKs, esto garantiza que cada transacción sea totalmente privada y anónima.

El token que pertenece a Zcash es ZEC, de igual forma que sucede con otras criptomonedas, esta posee un suministro limitado de al menos 21 millones de tokens, al conocer estos detalles básicos, lo siguiente minar tomando en cuenta que el Zcash utiliza un algoritmo denominado como Equihash que no es afín con el hardware ASICs.

Por otro lado, un aspecto peculiar es que Zcash posee un tiempo estimado de bloque de 1.25 minutos, en cambio los de Bitcoin son de 10 minutos, esto causa que la recompensa se produzca de 6.25 tokens ZEC por cada uno de los bloques resueltos, esto es vital tomarlo en cuenta para comprar un hardware y software especial para minería de Zcash.

- **Minar Zcash con CPU**

Se trata de un tipo de minería que utiliza un procesador potencial del ordenador para minar, esto se conoce como del CPU, donde se debe buscar un núcleo con procesador de gran rendimiento, por ello lo recomendables utilizar GPU para que el retorno de inversión no sea bajo, sobre todo ante la demanda que causa el software, esto hace que posean ventaja.

- **Minar Zcash con GPU**

Esta es una de las modalidades de minerías más desarrolladas, y se lleva a cabo por medio del aprovechamiento de tarjetas gráficas, para dejar a un lado la resistencia que poseen las criptomonedas a los ASIC, por este motivo es una opción que gana mayor protagonismo, por encima de ASIC y CPU.

En medio de las GPU que poseen alto rendimiento, no cabe duda que las tarjetas AMD, como también las de NVIDIA son una excelente alternativa, es esencial elegir una que posea como mínimo 1 GB de RAM, además de pensar en opciones que sean eficientes a nivel de energía.

Las GPUs más populares para minar ZEC, es GTX 1080, ya que cuenta con un ahorro energético importante, además la GTX 1080 Ti posee mayor potencia al momento de minar Equihash pero resulta costosa, a esto se suma AMD Vega 56/64 pero no poseen tanta efectividad sobre el algoritmo Equihash.

- **Minar Zcash por medio de ASIC**

Del mismo modo como se ha reiterado anteriormente, el algoritmo Equihash, posee resistencia al querer minar Zcash, pero como respuesta a este problema, el hardware ASIC, reconocido como Bitmain, se pronunció acerca del lanzamiento de ASIC para que sea implementado sobre algoritmo Equihash, es decir buscando compatibilidad con Zcash.

Este tipo de hardware es conocido como Antminer Z11, el cual proporciona hasta tres veces mayor poder que el anterior Z9 mini, posee una fuerza de hash de 135 KSol/s, además de proporcionar un margen de eficiencia energética resaltante.

- **Software dedicado para minar Zcash**

Al tener cubierto el tema del hardware, lo próximo es la instalación de un software de minería de Zcash, para ello existe una amplia variedad a tomar en cuenta, dentro de los más llamativos se encuentra Zcash Mining Software, aunque solo funciona con CPU, por ello para utilizar GPU se pueden desarrollar otros softwares.

Es recomendable utilizar AMD GPUs y NVIDIA GPUs, como los más solicitados por parte de la comunidad de mineros, en este entorno es recomendable iniciar con un grupo dedicado a la minería, porque eso ayuda a incrementar las oportunidades de obtener tokens, es un método más exitoso en este caso.

Aprende a minar Litecoin

Cada aspecto para minar Litecoin, es una forma de obtener recompensas, sobre todo porque la extracción de Bitcoin demora hasta 10 minutos tras la confirmación de cada bloque, en cambio Litecoin cuenta con una velocidad cuatro veces superior, ya que posee 2,5 minutos de estimación.

Esta información es un gran comienzo para empezar a pensar en la minería de Litecoin, lo que posee como requisito contar con hardware especializado para cumplir con esta meta, pero para ello se encuentran una gran variedad de opciones disponibles que permite desarrollar esta alternativa, lo esencial es disponer de inversión.

La minería se puede desarrollar de forma individual o bajo asociaciones, lo importante es elegir la alternativa más apropiada, para desarrollar las siguientes formas de monetización, tomando en cuenta las utilidades más apropiadas para disponer de un margen de ganancias positivo:

- **Hardware para minar Litecoin**

Los beneficios de la minería Litecoin, se pueden cosechar por medio del uso de un CPU, o también disponer de una GPU como unidad de procesamiento gráfico, pero el resultado más cuantioso de ganancias, se presenta con elementos especializados como ASICs, siendo una serie de funciones más potentes.

Por este motivo, para minar, debes pensar en invertir por la adquisición de la siguiente pieza:

1. **Antminer L3+:** Se percibe como uno de los hardwares de minería más potentes, ya que cuenta con una rapidez resaltante, y esto ayuda a competir por hallar resultados positivos, y los cálculos que desarrolla, emiten una tasa de hash muy positiva, esto quiere decir que su resolución es más rápida que otro hardware.

En caso de que esto implique un nivel de inversión superior a lo que dispones, se puede pensar en la minería de la nube, aunque los beneficios económicos son más reducidos, por ello todo se trata de aprender y explorar cómo se desarrolla esta actividad.

- **Software para minar Litecoin**

Para desarrollar la minería Litecoin es vital que la pieza Antminer L3 o L3+, obtenga una configuración apropiada, lo cual no es complicado, sobre todo porque incluye un archivo dedicado a la instalación, para que este proceso se realice de manera efectiva, debes seguir los siguientes pasos:

1. Ingresa al sitio web de BitMain, ya que es el fabricante de Antminer, de ese modo se puede crear una cuenta.
2. A través del controlador de hardware, se debe presionar en el botón IP Reporter por al menos durante 5 segundos, hasta que se produzca un sonido de la señal acústica.
3. Luego cuando se emita en la pantalla la dirección IP, se debe ingresar en el sitio web de BitMain.
4. Una vez aplicada esta configuración, lo siguiente es dirigirse hacia la billetera Litecoin, para que se produzca el envío de las monedas que se han minado.

Es importante destacar que antes de comprar algún hardware, se estudien todos los gastos derivados de su funcionamiento, ya sea la variable de electricidad, así como resulta la compra de equipos.

La forma de minar bitcoins que debes saber

El funcionamiento de operación de Bitcoin, se basa en su limitación de 21 millones de monedas, y es una cantidad que no recibe modificaciones, por ello la cantidad de monedas liberadas se establecen como una recompensa por el trabajo o el esfuerzo realizado, lo cual se limita en el software y queda en 210.000 por cada bloque.

Cada 10 minutos se emiten monedas para generar una circulación frecuente, y es el resultado final de la compensación que surge tras la minería, es una acción continua de generar y validar cada bloque, hasta conformar un gran libro que pertenece a la red blockchain, por ello la misión es que nuevos bitcoins estén en marcha y obtener comisiones.

El proceso de minar Bitcoin, se lleva a cabo con acciones rutinarias, lo que cambia es el problema matemático que se presenta, estos surgen cada 10 minutos, y la intención es emitir velocidad para resolverlo, al hallar la solución, es momento de obtener la recompensa esperada, la propia red impone tiempos de transacciones para hashear.

Los requisitos de hardware o software se deben cubrir, ya que se debe crear un sistema que permita comprobar las operaciones, siendo algo clave para evitar que puedan usar la misma cantidad de Bitcoin en más de una ocasión, ya que corresponde con una introducción de monedas falsas sobre el mercado.

- **Cooperativa de minería o pool para Bitcoin**

Para aspirar a una resolución de cálculos matemáticos, es vital disponer de potencia de computación, ya que eso causa que exista una facilidad para resolver un bloque, auspiciando el alcance de recompensas, por ello el trabajo en conjunto puede ser una respuesta, unirse a través de pool es una facilidad para resolver bloques.

En cambio realizar este tipo de operaciones por tu cuenta, puede ser un proceso mucho más complejo, ya que la fuerza de cómputo no es igual, así que la asociación con otros usuarios es una medida más efectivas en temas económicos.

- **Lo que representa la recompensa para minero**

El código de Bitcoin se encarga de validar un bloque, y eso es lo que libera cierta cantidad de monedas, normalmente se ha establecido la medida de 6,25 bitcoins por cada nuevo bloque que se ha validado, porque el tercer halving de bitcoin se originó el 11 de mayo de 2020, aunque a ese tipo de cantidades, se deben incorporar las comisiones.

Cada bloque de los 210.000, se ofrecen como recompensa y se reduce a la mitad, siendo parte del concepto de halving, este es el objetivo que se persigue al estar minando Bitcoin, con una mirada directa hacia la monetización.

- **Los requisitos para minar bitcoin**

Al inicio, la minería de bitcoin se realiza por medio del uso de procesadores o CPU de los equipos informáticos, ya que no era una actividad concurrida ni mucho menos, en cambio cuando más usuarios empezaron a formar parte de esta medida, se generó un mayor nivel de dificultad, por ello requiere de mayor potencia computacional.

Pero al mismo tiempo, al aumentar la cantidad de requisitos, del mismo modo aumenta el nivel de recompensa, por ello se empezaron a integrar como los mejores aliados a las tarjetas gráficas, lo mismo ocurre con las GPU, ya que se tratan de procesadores gráficos, sobre todo con las versiones emitidas por bitcoin que permiten usar más procesadores.

Ese tipo de libertades, causa que se integren las máquinas especializadas, tal como lo son los ASIC, se basa en un equipo diseñado para esta tarea, gracias a que posee una potencia de cómputo más elevada, causando que las tarjetas gráficas ya no fueran un requisito inquebrantable, aunque estas ASIC no poseen funcionamiento de una PC normal.

Los mejores pools de minería de criptomonedas

Cuando no se posee experiencia sobre la minería de criptomonedas, es sencillo pensar y optar por las pools, sobre todo cuando conoces las más grandes del mercado, y se pueden medir en base a la tasa de hash, de ese modo también puedes disfrutar de una garantía importante de estabilidad, e incluso disponer de pagos frecuentes.

Ese nivel de cobertura por medio del trabajo en conjunto para minar es brillante, por este motivo, debes conocer las mejores pools de minería:

1. BTC.com
2. AntPOOL.

3. Slush POOL.
4. ViaBTC.
5. F2pool.

En medio de la elección del pool, influyen una gran cantidad de factores, por ello se deben considerar ciertos aspectos para continuar el camino apropiado, ya que de esto depende la generación de ganancias, lo esencial es analizar datos del sistema de recompensa de los pools, para que se obtenga claridad sobre lo que resulte más apropiado.

Aunque no se puede pasar por alto que ciertos pools se enfrentan a problemas diarios, lo cual empuja a que exista un problema o lapso de inactividad, por ello lo más recomendable es usar otras opciones ante alguna situación, para que el rendimiento se pueda sostener al 100%, de igual forma se pueden clasificar según estos ítems:

- **Pools de minería sin registro previo**

Muchos de los pools para llevar a cabo la minería requieren de un registro previo, esto causa que cada minero pueda estar organizado, e incluso obtener notificaciones y estadísticas acerca de esta actividad, aunque el registro normalmente es un proceso sencillo y fácil, solo con un nombre de usuario es suficiente.

Los requisitos previos tienen que ver con el correo electrónico, el cual además funciona como un medio de comunicación donde surgen notificaciones, pero cuando no se desea emplear este método de registro por un tema de privacidad, lo que corresponde es conocer los pools que no necesitan un registro previo:

1. CKPool.
2. Eligius.
3. P2Pool.

En medio de estas alternativas, se puede tener acceso a una amplia serie de funciones sin registrarse, donde cada equipo de minería se encarga de disponer de un software que permite conectarse al pool que puedas elegir, donde se cuenta la facilidad de no registrarse para no proporcionar información privada sobre el sitio web del pool.

En el caso de querer minar Bitcoin, se deben realizar ajustes previos sobre el software del minero ASIC desde la PC, donde no existen sitios web que estén involucrados sobre esa función, sino que se debe abrir la carpeta del software minero, además de emplear los parámetros de inicio rápido, para que cada grupo se pueda usar por un copia y pega.

Trucos para minar Dash

En medio de las criptomonedas populares, no cabe duda que la Blockchain de Dash resalta, sobre todo porque a diferencia de las demás monedas, mantienen un flujo directo con dos sistemas, de manera paralela se encuentra apegada a esas líneas, y la red está formada por Nodos Maestros, y por otro lado están los mineros.

El rol que cumplen los mineros dentro de la red Dash, es que se encargan de realizar verificaciones y estudios sobre cada operación realizada en la red Blockchain, esto causa que deban aportar tiempo y poder de cómputo, ya que se trata de una prueba de trabajo que se encuentra en el sistema.

Al conocer estos detalles básicos, lo siguiente es reconocer el algoritmo que posee Dash, lo cual se denomina como un proceso X11, el cual trabaja bajo la dinámica anteriormente mencionada, anclada a las operaciones de Bitcoin, pero cada función se desarrolla bajo una visión diferente, porque se desarrolla bajo 11 secuencias de hashes criptográficos.

El procesamiento de esa prueba de trabajo, es realizada por medio del algoritmo SHA-256 que pertenece a Bitcoin, aunque sus acciones se dedican a movilizarse sobre una sola secuencia de hash, siendo un punto considerado por el creador de Dash, bajo la motivación de lidiar con un algoritmo difícil para implementar máquinas ASIC.

Ante un escenario centralizado, donde los equipos disponían de poca acción, surgieron dispositivos que son capaces de trabajar por medio del algoritmo X11, es decir fueron sometidos a una actualización, pero por encima de estos dispositivos, el funcionamiento de la moneda no está centralizado, esto causa seguridad de gran nivel.

La diferencia en medio de la minería de Bitcoin y Dash, se basa en la recompensa sobre la red de Bitcoin que posee 210.000 bloques, en cambio Dash emite recompensas tras 210.240 bloques, los cuales se crean cada 2,6 minutos por ello es un punto diferencial notable, por otro lado el desarrollo de este procedimiento considera estos aspectos:

- **Hardware para minar Dash**

Al principio se podía minar Dash, usando equipos básicos como GPU y CPU, esto se sostuvo por un tiempo bajo el trato del algoritmo X11, pero luego con los dispositivos ASIC esto cambió por completo, dejando a un lado el CPU, como también el GPU, los equipos de minería ASIC que poseen mayor eficiencia y preferencia en el mercado son los siguientes:

1. Bitmain Antminer D5, posee una tasa hash de 199 GH/s, por un valor aproximado de 1200 dólares.
2. Spoondoolies SPx36, su tasa de hash posee 540 GH/s, a cambio de un costo comprendido por 7000 dólares.
3. iBelink DM56G, consta de una tasa de hash de 56 GH/s, bajo una tasa financiera o un costo de 5500 dólares.
4. Innosilicon A5, proporciona una tasa de hash de al menos 32 GH/s, a través de una inversión que representa los 2999 dólares.

Pero estos equipos se deben indagar a fondo, porque los modelos quedan desactualizados de un momento a otro, sobre todo porque el algoritmo X11 demanda cada vez mayor potencia, así que antes de comprar, es vital tomar en cuentas las novedades de este ámbito.

- **Las ganancias que se originan al minar Dash**

Las ganancias de minar Dash, surge del mismo modo que con otra criptomoneda, donde se espera generar un bloque de forma correcta, para obtener la recompensa por dicho trabajo, es un mismo sistema de minería que se impone como una temática general, pero en Dash la forma de repartición cambia, ya que no solo se produce con los mineros.

La porción de ganancias se encuentra dividida con los Nodos Maestros, ya que se encuentran prestando una prueba de servicio, además de añadir la comisión para el fondo de tesorería de Dash, tras estas comisiones por clasificarlo de esa forma, se traduce a un 10% que queda retenido de la recompensa del bloque, lo restante ingresa al fondo.

Una vez se haya realizado esa reducción económica, el resto de las ganancias se reparten en un 50/50, entre el minero que se ha añadido al bloque, y la otra parte se encuentra sobre el Nodo Maestra, esto se selecciona según la función que se ha programado, esto causa que el minero se quede con un 45% del monto total de la recompensa del bloque.

El uso de Raspberry Pi para la minería de criptomonedas

Cuando se trata de minar criptomonedas, existen distintos métodos y utilidades que ayudan a obtener ganancias, pero esto causa que la búsqueda de un hardware ideal sea una obsesión para cualquiera, sobre todo buscando rentabilidad, pero la realidad es que resulta complicado hallar una opción satisfactoria en todos los sentidos.

En el caso de las GPUs, se vuelve una tarea extenuante descifrar la mejor alternativa, pero existe un modo de obtener ganancias por medio de los activos, sin necesidad de realizar algún esfuerzo de por medio, para ello es crucial conocer todo al respecto de Rapsberry Pi, ya que es lo que hace posible esta premisa de ganancias.

Sin importar que seas un principiante o experto en el mundo de las criptomonedas, es común que se mencione "stacking", se conoce como apuestas y está fuertemente asociado con el medio de Ethereum, así como también sobre otras monedas digitales, pero para llegar a eso, el concepto inicial es descifrar lo que significa apostar.

La generación de dinero a través del mercado de criptomonedas es una realidad, pero con una inversión de por medio en lo que respecta a hardware, además de los requisitos de otros recursos externos como lo es la electricidad, de estos factores depende que sea rentable o no, apostar por la minería.

Normalmente el hardware empleado para minar criptomonedas a una gran escala es costoso en gran medida, esto incluye hasta el tema de mantenimiento, eso causa que la minería no sea vista como una medida rentable, pero la función de Raspberry Pi, se pone en marcha cuando posees una cantidad de ETH en la cartera, para participar en el proceso.

Muchos dudan acerca de la tarea de realizar stacking de criptomonedas, a través de un hardware sencillo, pero en realidad esto es posible, aunque se debe tomar en cuenta el detalle de la memoria, para que esto sea haga de manera eficiente, hace fala un PC pequeño, pero que posea la variante de la Raspberry PI 4 de 8 GB.

El dispositivo anteriormente mencionado, es el único capaz de lidiar con el algoritmo Ethereum Proof Of Stake, así como también a sus requisitos de RAM para que el software se pueda validar de manera correcta, a tema de recomendación, también se puede incluir una unidad externa que sea por lo menos de 1 TB de capacidad.

La cantidad de bloques que forman parte de Ethereum, posee un valor o peso de 200 GB, además se mantiene bajo un crecimiento constante, por ello la recomendación de la unidad de 1 TB cobra mayor sentido, siendo una función que ayuda a que por años opere sin problemas, pero es algo a futuro, para iniciar no hace falta esa cantidad de espacio.

Es esencial tomar en cuenta que el proceso de stacking no es una demanda potente de recursos ni mucho menos, por ello una Raspberry Pi es un ayuda para que los dolores de cabeza por iniciar en este mundo queden a un lado, por otro lado, es vital disponer de inicial con 32 ETH, lo siguiente es aplicar la configuración.

- **Ajuste de la Rapsberry Pi para hacer el stacking de ETH**

Al momento de empezar a realizar stacking, están disponibles dos enfoques principales, el primero se desarrolla por medio de una script automatizada, la cual se instala de forma automática para obtener el software necesario, en cambio el segundo tiene que ver con la configuración manual, para principiantes, el primer método es el mejor.

Lo importante es que empiece a funcionar el Raspberry Pi, en cualquier caso, el sitio web oficial proporciona instrucciones recientes, sin dejar a un lado la incorporación de la arquitectura del hardware, para luego seleccionar la ejecución hacia el nodo de stacking sobre la red de prueba Ethereum.

Cómo minar steem

No hay duda que las redes sociales lo controlan todo a nivel mundial, por este motivo existen criptomonedas apegadas a esa dinámica, tal como sucede con steem que se encuentra relacionada con el impulso de Steemit, es decir un medio que se motiva y trabaja en base a las redes sociales.

Cada usuario crea y puede elegir el contenido en Steemit, de la misma forma en la que ocurre con otras redes sociales, similar a Reddit, Hacker News y otros, a cambio se produce la recompensa de obtener tokens Steem, siendo un mérito de su aporte sobre esta red, es decir el funcionamiento es en base a los méritos.

A medida que un contenido emita valor, en esa misma línea, un editor podrá ganar mayor dinero, esto se mide bajo los votos que emiten los usuarios, causando que exista una jerarquía de contenido, así a medida que voten en gran medida por una publicación, mayor será la ganancia que se produce.

El desarrollo de Steem, se lleva a cabo por medio de 3 tipos de tokens, eso es lo que compone el funcionamiento de Steemit, donde resaltan las siguientes:

1. **Steem**

Se trata de una criptomoneda que se instala de manera principal sobre la plataforma Steemit, y se obtiene cuando editor de contenidos logra cosechar votos, esto permite ganar tokens de Steem, estos son dirigidos hacia usuarios que mantienen una gran cantidad de Steem Power, siendo una satisfacción para que más personas inviertan en la red.

2. **Steem Power (SP)**

Para disponer de un voto en Steemit, se deben convertir los Steem en Steem Power (SP), este proceso se denomina como "encendido", y es equitativo con la inversión de capital en la red Steemit, donde cada una de las unidades de SP son equivalentes a un voto, esto causa que el usuario con mayor SP, posea más influencia al premiar un contenido.

Esto quiere decir que un voto a favor o en contra, por parte de un usuario que pose a mayor cantidad de SP, tiene mayor valor que los votos que emitan los usuarios de menor SP.

3. **Steem Dollars**

Poseen una valoración de 1:1 en comparación con el dólar estadounidense, es un mecanismo que busca que esta clase de red pueda crecer en mayor medida, donde el aspecto económico sea cuidado.

El proceso de minería empezó a formar parte de esta medida, desde las pruebas hasta la selección e trabajar con el protocolo de la prueba de participación delegada (Delegated proof of stake), esta tecnología se utiliza con pequeñas diferencias en comparación a la minería, porque en vez de mineros, los actores son testigos.

La finalidad de implementar esta clase de modelo de algoritmo para que crezca la velocidad de transacciones sobre la plataforma, haciendo que sea un entorno escalable, por ello se utilizan los testigos que pueden participar bajo cuentas aprobadas, para que puedan ser capaces de crear bloques a través de cada tres segundos.

Este escenario significa que cada 21 testigos o nodos, se encargan de generar 21 bloques en cada ronda de 63 segundos, esta es una velocidad de extracción considerable, pero la blockchain de Steem, se diferencia de Bitcoin porque no asigna al 100% las monedas que se han creado, pero se designa el 10% como recompensa para los testigos.

El otro porcentaje restante del 90% de monedas nuevas, es transmitido hacia los editores de contenido, poseedores de Steem Power y curadores, es esencial destacar que ser testigo no tiene que ver con las acciones tradicionales de minería, porque todo se maneja por votos, además debes tener los siguientes requisitos:

1. Servidores de gran rendimiento, deben ser seguro, sin fallas, para ubicarse dentro de los primeros 20 testigos, para ello se deben disponer características de 64 GB DDR4 RAM, por otro lado 2x Intel Xeon E5-2630 V3, 2x 240 GB SSDs, y 1 Gbit/connection, sin descuidar la seguridad informática ante ataques.
2. Instalación del steem, es un paso donde se edita el archivo que pertenece a la configuración, para luego sincronizarlo con la blockchain.
3. Utiliza el wallet CLI para diseñar una clave privada, además de modificar el archivo de configuración una vez más.
4. Actualiza el testigo, para ello se requiere publicar una declaración de testigo como parte de un hilo.

Es esencial destacar que normalmente obtienen ganancias los testigos que posean más SP, y estos se encuentran en el top 20, poseen una estimación de 0,18 Steem Power cada 63 segundos, siendo una estimación de 250 Steem Power por cada día, lo que vale alrededor de $300 diarios, según el precio que posean Steem en ese momento.

Descubre cómo minar Ravencoin

El proyecto de Ravencoin representa una medida a código abierto, y proviene de una bifurcación del Bitcoin, este tipo de criptomoneda se especializa en la transferencia de activos, por medio del sistema de archivos interplanetario (IPFS) y mensajería, busca que los activos se puedan transferir sin ningún tipo de fricción.

El Ravencoin cuenta con un número limitado de tokens, basado en 21.000.000 unidades, el proceso de minería se desarrolla en base al algoritmo que sostiene como prueba de trabajo, basado en el modelo Bitcoin Unspent Transaction Output, estando anclada a la bifurcación del código de Bitcoin.

Es la criptomoneda número 52, de las más grandes del mundo, además es un campo que no posee mucha concurrencia de usuarios, por ello en temas de minería puede ser una gran oportunidad para principiantes, lo primero por disponer, es de equipos que faciliten la extracción del token.

- **Hardware para minar Ravencoin**

El ASIC es resistente para trabajar con Ravencoin, esto quiere decir que se requiere GPU para llevar a cabo la extracción, esta es una gran ventaja porque no hacen falta grandes inversiones sobre equipos potentes, ni surgen gastos exagerados asociados con la energía, aunque lo recomendable es comprar tarjetas AMD o NVIDA de 3GB de RAM.

- **Software para la minería de Ravencoin**

Todo equipo de minería necesita un software, y para elegirlo se debe tener presente el tipo de GPU que se piensa utilizar, los más efectivos es T-Rex Miner, Gminer, NBminer, KawPowMiner, y TeamRedMiner, cada uno con un diseño y una función enfocada en el manejo de criptomonedas ya que son mining especializados.

- **Rentabilidad de la minería Ravencoin**

Por medio de las funciones de Ravencoin, se presenta una ventaja única, por encima de las demás criptomonedas, ya que poseen un gran nivel de resistencia a ASIC, además el algoritmo de minería se encuentra enfocado en disminuir los riesgos de centralización, por ello cada minero puede trabajar en solitario y obtener recompensas.

Todo acerca de minar Siacoin

La red Sia ha emitido el uso de la criptomoneda Siacoin, esta empresa proveedora de almacenamiento en la nube, además de una red descentralizada peer-to-peer, su funcionamiento es uno de los más favoritos en línea, ya que cumple con altos estándares de privacidad, y para pagar ese servicio, se debe emplear su criptomoneda.

La emisión de la criptomoneda Siacoin se encuentra ilimitado, gracias a la enorme cantidad ilimitada de datos que pueden crear y almacenar, causando que exista una circulación elevada de tokens, por ello para ganar Siacoin, es necesario alquilar un espacio propio del almacenamiento excedente de la red Sia.

Para ejercer la minería de esta criptomoneda, debes saber que la blockchain se encuentra bajo el algoritmo de consenso de Prueba de Trabajo, siendo una forma de protección para las operaciones, esta criptomoneda al igual que el resto, reparte recompensas de bloques como una motivación hacia los mineros.

Al querer minar Siacoin, es preciso elegir los mejores mecanismos para llevar a cabo estas operaciones beneficiosas, donde destacan los siguientes puntos:

- ## Hardware para realizar la minería Siacoin

Por encima de que muchas criptomonedas se extraigan únicamente con GPU, Siacoin se rige bajo la misma compatibilidad que posee Bitcoin, aceptando trabajar con dispositivos especialices como ASIC, siendo un hardware impuesto como una solución, por ello para que sea rentable la minería el mining de Siacoin es vital utilizar estos dispositivos.

El desarrollo de ASI, es una solución amplia para minar Siacoin, por medio del Obelisk SC1, donde la potencia se equipara a 100 GPU, alcanza una tasa de hash de 300 GH/s, donde se ejecuta el algoritmo Blake2b, el cual demanda un nivel de 500w de electricidad, pero no requiere de inversión por enfriamiento ni mucho menos.

- ## Software dedicado para minar Siacoin

Al determinar el tipo de hardware a utilizar, se podrá elegir el software especializado y capaz de minar Siacoin, ante cualquier expectativa, el mercado cuando con diversas opciones para cumplir con este objetivo, aunque dentro de los más destacados resalta Marlin Miner, el cual posee compatibilidad con GPU Nvidia o AMD.

- ## La rentabilidad de minar Siacoin

La especialidad de Siacoin, es que en lugar de detenerse, la recompensa de bloque continúa funcionando, por ello cada minero puede encontrar un incentivo para ser parte de una red que no para, por otro lado, dentro de sus funcionalidades, permite alquilar el espacio de almacenamiento en la nube, siendo un activo que se puede explotar.

Por este motivo, la minería de Siacoin resulta rentable, cuenta con diversas alternativas, como para no pasar por alto este tipo de tecnología que se hace más popular por medio de sus servicios ofrecidos.

Los últimos hitos superados por la minería de criptomonedas

A nivel histórico, la minería de criptomonedas está avanzado año tras año de forma sorprendente, donde el año 2020 se ha destacado por asentar importantes bases que en el 2021 van a generar muchas más tendencias en este mundo, sobre todo con la manifestación de diferentes eventos, porque el mundo externo impacta esta actividad.

La fuerza de implementación de equipos ASIC se ha mantenido, por encima incluso de la pandemia de COVID-19, esto se debe en gran medida al aumento de valor que ha sufrido el Bitcoin, por otro lado, a estas situaciones se suma el buen momento de la industria de ASIC, donde ha predominado Bitmain.

En el caso de los pools de minería, se han desarrollado bajo una temática descentralizada, esa es la tendencia a seguir de cerca, sobre todo sin apegos de por medio por parte de aspectos geográficos, y la información que se proporciona sobre sus acciones también ha cambiado, sin dejar a un lado la incorporación de energía renovable.

Las tendencias más relevantes son las siguientes:

1. Tercer halving de Bitcoin

A través del año 2020 se produjo el lanzamiento del halving de Bitcoin, el cual al inicio era visto con muchas expectativas de por medio, pero sobre todo buscaban predecir el efecto que causa sobre la red, donde se emitían pronósticos positivos, es esencial destacar que el halving se conoce como un mecanismo o parte adherida al bitcoin.

La dinámica, es que esta pueda regular el suministro de monedas que se emiten en la red, sobre todo durante la programación de 210.000 bloques, bajo un lapso de tiempo reconocido o medido en cada cuatro años, al llegar a esa fecha, la propia red busca disminuir la cantidad de bitcoins que se generan al ser minados.

Esta clase de programación se encarga de que la emisión llegue a cero, esto sucedió en el año 2020, donde el 11 de mayo se emitió una activación en el bloque 630.000, causando que los mineros descendieran de ganar 12,5 BTC por bloque que se haya minado, a tan solo 6,25 BTC, causando que existiera cierto rendimiento sobre la minería.

Esa baja de rentabilidad, causo que el hash rate llegara a disminuir hasta un 16% en simples horas, porque existía una desconexión sobre una gran cantidad de equipos, ya que esta acción no emitía las ganancias para cubrir toda la inversión sobre los equipos, causando una congestión de transacciones.

Pero este tipo de comportamiento duró levemente, porque en junio el rate nuevamente había incrementado, logrando a alcanzar los mismos valores previos al halving, pero no se ha podido determinar la incidencia que posee en la actualidad con la recompensa del precio de Bitcoin y su reducción, esto se debe a que el mercado no convulsionó enseguida.

2. Récord de hash rate y dificultad

Si bien es cierto, la minería ciertos meses atraviesa toda una serie de resultados negativos, pero cuando pasan los efectos de ciertos eventos, es cuando se empiezan a revalorizar ciertas monedas, ese tipo de respuesta positiva sobre el bitcoin, causó que la red elevara su nivel de hash rate, lo mismo ocurrió con la dificultad, y hasta los ingresos diarios.

La tasas de hash se conoce como hash rate, este tipo de unidad se enfoca en la potencia de procesamiento que posee la red, donde influye directamente la cantidad de mineros conectados, así como también el poder que poseen los equipos que forman parte de la misma, esos son los elementos que impulsan el valor del Bitcoin.

Cuando el nivel de hash rate aumenta, lo mismo ocurre con la dificultad de la minería, ya que es complejo hallar el bloque para minarlo, esto varía en base al nivel de poder procesamiento que existe en la red, por ello cuando llega el hash rate a un valor equilibrado, aumenta la posibilidad de que los equipos lleguen a minar muchos bloques.

Ante este escenario, la propia red aumenta la dificultad del minado, para que la respuesta del hash sea más inalcanzable, y se conserve la frecuencia de 10 minutos por bloque, en el caso del Bitcoin, ha llegado a disponer de una dificultad de 19,97T, siendo uno de los puntos más elevado en su historia, imponiendo un récord.

El aumento de cifras también se reflejó sobre los ingresos, ya que se reportan mucho más elevados de lo pensado, ya que los mineros llegaron a percibir hasta 20 millones de dólares, siendo una cifra ligada de manera estrecha al precio del bitcoin que se ha presentado en los últimos lapsos de tiempo.

3. Ubicación de los pools

Alrededor de los pools de minería se han instaurado distintos misterios, donde resalta el conocimiento de la ubicación geográfica, esta clase de información ha sido emitida de forma pública, siendo un hecho que antes no se desarrollaba con frecuencia, esto fue llevado a cabo por BTC.com, donde se emitió que la mayoría eran de China.

Más allá de que existe un mercado de minería a nivel global, lo que respecta a Asia deja asombrado a cualquiera, ya que alrededor del 95% de los bloques minados son procesados en China, esto causa temor, porque significa que no es un escenario tan descentralizado, pero al menos uno de los pools más antiguos se encuentra en República Checa.

Pero el desarrollo de los pools, se encuentra migrando hacia Estados Unidos, tal como queda demostrado con SlushPool, donde se han creado tres pools de minería destinados a este país, esta clase de iniciativas son las que impulsan a que exista una descentralización del hash rate, en el caso del Bitcoin.

4. Granjas de minería

Más allá de la información relativa al hash rate perteneciente a Bitcoin, donde se demuestra la concentración de operaciones en China, de igual forma nuevas tendencias se ubican en el mercado de minería gracias a las granjas dedicadas al Bitcoin, siendo un método que puede contribuir con la descentralización geografía de esta industria.

Esa distribución geográfica, en parte se debe a las regulaciones de electricidad que se han establecido en China, por ello la solución ha sido migrar hacia otras ubicaciones que posean mayor libertad de operaciones, en ese mapa Rusia, Estados Unidos, e incluso Irán, son los destinos más elegidos para que los mineros chinos puedan operar.

Estos centros de operaciones son interesantes para buscar alguna oportunidad de monetización, sobre todo en Estados Unidos esta clase de mercado se fortaleció, a tal punto de celebrar distintas instauraciones de pools de minería, en el sector latinoamericano cobra mayor poder Venezuela y Argentina.

Estos son los lineamientos a seguir o tomar en cuenta, porque operar en la minería requiere de estar apegado a cada noticia, sobre todo cuando su impacto genera alteraciones sobre el mercado, son posturas que cambian la preferencia o la forma de realizar la minería, sobre todo con el controversial Bitcoin.

www.ingramcontent.com/pod-product-compliance
Lightning Source LLC
Chambersburg PA
CBHW070259220526
45465CB00004B/1665